문명 변환의 정치

문명 변환의 정치

초판1쇄 인쇄　2014년 2월 28일
초판1쇄 발행　2014년 2월 28일

지은이　이매뉴얼 월러스틴
옮긴이　권기붕
펴낸이　조인원
펴낸곳　경희대학교 출판문화원

주소　서울시 동대문구 경희대로 26
전화　02-961-0106~8, 팩스 02-962-8840
설립　1960년 9월 16일 제5-8호
등록　1977년 11월 8일 제6-5호
홈페이지　www.khupress.com
전자우편　press@khu.ac.kr

ISBN 978-89-8222-445-4 03300

문명 변환의 정치

이매뉴얼 월러스틴

경희대학교 출판문화원

일러두기

이 책은 2012년 9월 17일 경희대학교 평화의 전당에서 개최한 Peace BAR Festival 2012 초청 강연에서 예일대학교의 이매뉴얼 월러스틴 종신교수가 '문명 변환의 정치'를 주제로 강연한 내용을 담았습니다. 책 후반부에 실은 '지적 생애와 사회적 소명'은 www.iwallerstein.com에 게재된 월러스틴 교수의 자전적 에세이입니다.

차례

문명 변환의 정치

지적 생애와 사회적 소명

문명 변환의 정치

UNIVERSITY LECTURE

근대 세계체제의 작동 기제

현재 우리는 일상적 시기에 살고 있지 않습니다. 역사적 체제가 처한 구조적 위기의 시대를 살아가고 있습니다. 이 위기는 500년마다 한 번씩 찾아오는 위기입니다. 현재의 경제적, 사회적, 정치적 난제는 체제의 구조적 범위 내에서 발생하는 단순한 주기적 침체의 결과로 분석될 수 없습니다. 다시 말해 우리의 집단적 정책에 일종의 조정을 가함으로써 해결할 수 있는 문제가 아닙니다.

우리는 특정한 역사적 사회체제 안에 살고 있습니다. 저는 이 체제를 '근대 세계체제'라고 부릅니다. 그리고 그 형식은 자본주의 세계경제입니다. 이 체제는 '긴 16세기'[1] 유럽의 상당 부분과 아메리카의 일부를 포함한 지리적 권역에서 발생했습니다. 이 역사적 체

1 월러스틴은 자본주의 세계경제가 등장한 1450~1640년을 '긴(long) 16세기'로 일컫는다.

현재 우리는 일상적 시기에 살고 있지 않습니다. 역사적 체제가 처한 구조적 위기의 시대를 살아가고 있습니다. 이 위기는 500년마다 한 번씩 찾아오는 위기입니다. 현재의 경제적, 사회적, 정치적 난제는 체제의 구조적 범위 내에서 발생하는 단순한 주기적 침체의 결과로 분석될 수 없습니다. 다시 말해 우리의 집단적 정책에 일종의 조정을 가함으로써 해결할 수 있는 문제가 아닙니다.

제의 발생과 존속의 과정은 우리의 현재 논의와 직접 연관되지는 않습니다.

끊임없이 지리적 팽창을 유발하는 내재적 동인으로 인해 이 역사적 체제는 19세기 후반 지구 전체를 아울렀습니다. 이에 따라 인류 역사상 최초로 단일 지구 체제가 형성됐습니다. 이 체제가 당면한 현재의 위기를 논의하려면, 지난 500여 년간 이 체제를 작동시킨 기본적 기제를 간략히 되짚을 필요가 있습니다.*

자본주의 체제를 규정짓는 특징은 다른 많은 체제에서 발견되는 그 특징들, 예를 들어 임금노동의 존재, 시장의 운영, 이윤을 추구하는 기업가 활동과 같은 것들 가운데 하나가 아닙니다. 그 체제에만 해당하는 매우 특별한 특징이 있습니다. 그것은 바로 자본의 끝

* 근대 세계체제의 작동 기제와 과정에 대한 보다 자세한 설명은 *World-Systems Analysis: An Introduction*(Durham, NC: Duke University Press, 2004) 참조. 또한 그 역사적 발전에 대한 포괄적 설명은, 새로운 서문이 추가된 개정판 *The Modern World-System*, 4 vol.(Berkeley, CA: University of California Press, 2011) 참조. (이하 지은이 주는 *로 표시)

> 자본주의 체제를 규정짓는 특징은 다른 많은 체제에서 발견되는 그 특징들, 예를 들어 임금노동의 존재, 시장의 운영, 이윤을 추구하는 기업가 활동과 같은 것들 가운데 하나가 아닙니다. 그 체제에만 해당하는 매우 특별한 특징이 있습니다. 그것은 바로 자본의 끝없는 축적을 지속적으로 추구하는 것, 더 많은 자본을 축적하기 위해 자본을 축적하는 것입니다.

없는 축적을 지속적으로 추구하는 것, 더 많은 자본을 축적하기 위해 자본을 축적하는 것입니다.

이러한 추구를 우선적으로 보장하기 위해서는 다른 가치나 다른 목표에 기초하여 행동하고자 하는 이들을 중히 처벌하는 기제가 있어야 합니다. 처벌이 실제로 이뤄지면, 순응하지 않는 행위자는 머지않아 시장에서 제거되거나 적어도 상당한 정도의 자본을 축적하는 데 심한 방해를 받습니다. 근대 세계체제의 많은 제도는 모두 자본의 끊임없는 축적을 촉진하기 위해 운용되거나 최소한 촉진 압력에 의해 제약을 받습니다.

더 많은 자본의 축적을 위해 이처럼 자본 축적을 우선시하는 것은 실질적 합리성[2](substantive rationality, 이 영어 단어는 막스

---

2 막스 베버는 경제적 합리성을 형식적 합리성과 실질적 합리성으로 구분했다. 경제행위의 형식적 합리성은 기술적으로 가능하고 실제로 적용된 양적인 계산의 정도를 가리킨다. 실질적 합리성은 경제행위가 어떤 궁극적 가치에 기여하는 정도를 말한다.

베버Max Weber의 materielle Rationalität를 잘못 번역한 것입니다)의 측면에서 매우 불합리적인 목표입니다. 물론 상당 기간 동안 하나의 체제로 기능할 수 있는 체제라는 의미에서, 베버가 형식적 합리성이라고 부른 것과 관련해 매우 합리적일 수는 있습니다. 우리의 근대 세계체제는 500년 정도 지속했고, 끝없는 자본 축적이라는 그 지도 원리의 측면에서 대단한 성공을 거뒀습니다. 하지만 이제 그런 기반에서 작동할 수 있는 능력을 상실하고 말았습니다. 자본주의는 형식적으로도 더 이상 합리적이지 않습니다.

자본주의는 실제로 어떻게 움직여왔을까요? 모든 체제는 동요합니다. 다시 말해 지속적으로 평형점을 벗어납니다. 그러나 모든 체제에는 (유동적인) 평형 상태로 되돌아가려는 기제가 있습니다. 평형으로 되돌리는 힘이 평형에서 벗어나려는 힘보다 더 크게 작용하는 한, 체제는 정상적이고 성공적으로 돌아간다고 말할 수 있습니다.

근대 세계체제에는 그런 기제가 많습니다. 특히 두 가지가 가장 중요합니다. 그것은 바로 콘드라티예프 주기[3]와 헤게모니 주기입니다. 이들 두 주기는 평형을 유지하고 체제의 역사적 발전을 가능하게 하는 데 효과적으로 기여했습니다.

---

3 소련 경제학자 니콜라이 콘드라티예프가 1920년대에 발견한 50~60년 주기의 장기파동이다. 이 주기를 콘드라티예프 파동이라고 명명한 슘페터는 기술혁신이나 발명을 그 원인으로 제시했다.

> 콘드라티예프 주기는 상당한 양의 축적이 이뤄지도록 하는 데 필요합니다. 이를 가능하게 만드는 핵심은 일부 생산자에게 준독점적 지위를 주는 것입니다. 준독점을 만들기 위해서는 두 가지 조건을 갖춰야 합니다. 첫째, 생산물은 실제로 혹은 사회적으로 창출된 욕구, 또한 상당히 많은 자발적 구매자의 욕구를 충족시키는 혁신적인 것이어야 합니다. 둘째, 준독점은 보증인이 필요합니다. 최소한 하나의 강력한 국가가 다른 생산자의 세계시장 진입을 제한하기 위해 기꺼이 권력을 활용해야 합니다.

콘드라티예프 주기는 상당한 양의 축적이 이뤄지도록 하는 데 필요합니다. 이를 가능하게 만드는 핵심은 일부 생산자에게 준독점적 지위를 주는 것입니다. 생산자가 생산비를 훨씬 웃도는 가격으로 판매할 수 있게 해주는 것은 오로지 준독점뿐입니다. 특정 생산물이 진정으로 경쟁을 할 때 구매자는 생산비를 살짝 웃돌거나 심지어 밑도는 값으로 그 생산물을 파는 판매자를 언제든 구할 수 있습니다. 따라서 실질적 이윤은 자유 시장의 제한을 필요로 합니다.

준독점을 만들기 위해서는 두 가지 조건을 갖춰야 합니다. 첫째, 생산물은 실제로 혹은 사회적으로 창출된 욕구, 또한 상당히 많은 자발적 구매자의 욕구를 충족시키는 혁신적인 것이어야 합니다. 둘째, 준독점은 보증인이 필요합니다. 최소한 하나의 강력한 국가가 다른 생산자의 세계시장 진입을 제한하기 위해 기꺼이 권력을 활용해야 합니다. 따라서 준독점이 존재하면 시장이 국가 개입으로부터 자유로울 수 없는 것은 당연합니다.

준독점적 생산물은 '선도적 생산물'입니다. 이는 세계체제의 경제활동에서 상당한 비중을 차지한다는 의미입니다. 전후방 연쇄효과[4]를 포함해서 말입니다. 준독점은 세계경제 전반에 걸쳐 '성장'을 촉진합니다. 그리고 준독점 생산자뿐만 아니라 전후방 연계 생산자의 소요 인력을 감안하면, 전 세계적으로 고용수준을 높이는 경향이 있습니다. 물론 세계체제의 몇몇 부분과 집단이 다른 부분과 집단보다 더욱 번창합니다. 그럼에도 불구하고 대다수 사람과 집단은 이 시기를 '만조가 모든 배를 띄우는' 번영의 시대로 여깁니다.

국가는 여러 가지 방식으로 보증인 역할을 수행합니다. 독점을 보장하기 위해 법적 조치를 취할 수 있습니다. 지적 재산권의 보호를 통해서 말입니다. 가장 고전적이고 간단한 방법은 특허를 주는 것입니다. 국가는 또한 직접적인 금융 지원을 제공할 수 있습니다. 특히 연구와 개발 부문을 지원합니다. 스스로 주요 구매자가 될 수도 있는 국가는 매우 비싼 가격으로 생산물을 구입하곤 합니다. 특히 국가는 다른 나라의 생산자들이 준독점을 침해하지 못하도록

4 연쇄효과는 어떤 산업의 발전으로 다른 연관 산업이 발전하는 경제적 효과를 의미한다. 한 산업의 발전과 더불어 그 산업의 생산물을 투입재로 사용하는 산업 또한 발전하는 경우를 전방 연쇄효과, 한 산업의 발전과 더불어 그 산업의 투입재를 생산하는 산업 또한 발전하는 경우를 후방 연쇄효과라고 부른다.

콘드라티예프 주기는 하나의 주기입니다. 준독점은 영원히 지속될 수는 없습니다. 시간이 지남에 따라 모든 준독점은 한 가지 단순한 이유 때문에 스스로 무너집니다. 준독점은 수익성이 매우 높으므로 다른 생산자들은 세계시장에 진입해 이득을 나눠 가지려고 무던히 애를 쓸 것입니다. 방법은 많이 있습니다. 기술적 기밀을 훔치거나 베낄 수 있습니다. 다른 나라의 지정학적 힘을 활용해 보증인 국가의 힘을 저지하거나 약화시킬 수 있습니다. 준독점을 강제하는 나라 내부의 반독점 정서를 동원할 수 있습니다.

지정학적 힘을 사용할 수 있습니다.

그런데 콘드라티예프 주기는 하나의 주기입니다. 준독점은 영원히 지속될 수는 없습니다. 시간이 지남에 따라 모든 준독점은 한 가지 단순한 이유 때문에 스스로 무너집니다. 준독점은 수익성이 매우 높으므로 다른 생산자들은 세계시장에 진입해 이득을 나눠 가지려고 무던히 애를 쓸 것입니다. 방법은 많이 있습니다. 기술적 기밀을 훔치거나 베낄 수 있습니다. 다른 나라의 지정학적 힘을 활용해 보증인 국가의 힘을 저지하거나 약화시킬 수 있습니다. 준독점을 강제하는 나라 내부의 반독점 정서를 동원할 수 있습니다.

준독점 관리자는 또 다른 문제에 부딪칩니다. 수요가 많은 상황에서 작업 중단은 손실이 매우 큽니다. 따라서 준독점 관리자는 손해를 덜 보기 위해 최소한 단기적으로는 종업원의 임금 인상 요구를 들어줄 준비가 돼 있습니다. 과점 상태에 있는 나머지 생산자들이 일제히 작업 중단으로 피해를 입지 않을 경우에는 특히 그렇습니다. 하지만 장기적으로는 임금 인상 허용이 노동비용의 점진적 증가를 유발함으로써 이윤이 전반적으로 감소합니다.

따라서 머지않아 다른 잠재적 생산자가 준독점을 무너뜨리는 데 성공합니다. 이렇게 되는 데 보통 25~30년이 걸립니다. 경쟁이 치열해지면서 판매가가 하락합니다. 구매자에게는 좋은 일이지만 판매자는 당연히 불리합니다. 이제껏 준독점 지위에 있던 생산자는 무엇을 할 수 있을까요? 하나 이상 되는 '핵심' 지역에서 '역사적' 인건비가 더 낮은 세계체제의 다른 지역으로 주요 생산 거점을 이동시키는 방법이 있습니다. 이러한 기업은 사실 거래비용이 낮은 이점을 더 낮은 생산비와 맞바꾸고 있습니다. 생산이 이동된 지역에서는 이를 국가 '발전'으로 여기면서 환영합니다. 사실은 더 이상 고수익을 올리지 못하는 산업 생산이 그 지역에 이전되는 것입니다. 이득이 되기는 하지만 그 양이 매우 크지는 않습니다.

준독점 상태에 있던 기업은 다른 방법으로 손실을 최소화할 수 있습니다. 역사적으로 자리를 잡았던 나라에서 생산의 일부를 유지할 수 있습니다. 다른 곳에서는 쉽게 재생산하기 어려운 틈새 부산물의 생산지로 그 나라를 활용하는 것입니다. 또한 기존 지역의 실업을 수반하는 산업 이전으로 직원들을 협박해 낮은 임금과 수

경희대 평화의 전당에서 강연하는 이매뉴얼 월러스틴 예일대 종신교수.

당을 그들이 받아들이도록 압박을 가할 수 있습니다. 직원들은 자신들의 손해를 막을 방도가 거의 없습니다.

준독점 지위를 상실한 기업은 자본 축적을 끊임없이 추구하는 과정에서 투자를 전환할 수도 있습니다. 생산과 상업 영역에서 금융 영역으로 방향을 바꾸는 것입니다. 이 현상은 콘드라티예프 B 국면[5]의 매우 오래된 관행이 아니라 최근에 발명된 것인 양 오늘날 '금융화'로 불리고 있습니다. 페르낭 브로델Fernand Braudel[6]이 주장

5 콘드라티예프 A 국면은 경제 팽창기, 콘드라티예프 B 국면은 경제 침체기다.

6 페르낭 브로델(1902~1985). 프랑스의 역사학자. 경제학, 인류학, 지리학 같은 분야의 연구를 아울러 역사 연구에 혁신을 일으켰다. 광범위한 사회경제적 요소를 역사에서 강조했다.

했듯이, 진정으로 성공한 자본가는 산업이나 상업 또는 금융의 전문가가 아니라 기회주의적으로 이들 과정을 넘나드는 만능인입니다.

금융 영역의 주된 축적 방식은 돈을 빌려주고 이자와 함께 돌려받는 것입니다. 과도한 대출로 해마다 원금이 아닌 이자만 갚는 채무자가 대금업자의 주요 수입원입니다. 그 결과 채무자가 부채를 감당하지 못해 파산을 선언할 때까지 대금업자에게 진 빚은 끊임없이 불어납니다.

이런 식의 대출 기제는 본질적으로 새로운 자본을 창출하지 않고 기존 자본을 재배치합니다. 파산의 속도가 상대적으로 빠른 점을 감안하면, 금융 대출을 통한 축적은 늘 새로운 채무자가 필요합니다. 대출은 대금업자에게 많은 이익을 안겨줍니다. 하지만 지구적 자본주의 체제의 관점에서 보면 부정적 측면이 있습니다. 소득의 많은 부분이 생산품 구매가 아니라 대출 상환으로 빠져나가면서 모든 생산에 대한 유효수요[7]가 대폭 감소합니다. 금융 대출 규모가 커지면 커질수록 유효수요는 크게 줄어들고 평형 상태로 되돌아가기는 점점 더 어려워집니다.

조지프 슘페터Joseph Schumpeter[8]는 평형 상태의 회복(그리고 이에 따른 성장)이 역사적으로 어떻게 이뤄졌는지 설명했습니다. 이윤

7 재화나 용역을 실제로 살 수 있는 재력을 갖춘 수요를 말한다.

조지프 슘페터는 평형 상태의 회복(그리고 이에 따른 성장)이 역사적으로 어떻게 이뤄졌는지 설명했습니다. 이윤 주기의 어느 저점에서 '발명'이 '기술혁신'으로 전환되면서 준독점적인 새로운 선도 생산물이 등장합니다. 그리고 이는 결국 세계경제 재발전의 기반이 됩니다.

주기의 어느 저점에서 '발명'이 '기술혁신'으로 전환되면서 준독점적인 새로운 선도 생산물이 등장합니다. 그리고 이는 결국 세계경제 재발전의 기반이 됩니다.

새로운 경기 호전을 지속하기 위한 정치는 많은 논쟁을 불러일으켰습니다. 계급투쟁에서 노동계급의 입지가 강화됩니다. 이는 전 세계 유효수요의 증가로 이어집니다. 또한 생산자의 일부가 노동계급의 강화된 입지에 기꺼이 순응합니다. 생산자의 장기적인 집단 이익을 위해 단기적인 개별 이익을 희생하는 것입니다.

자본주의적 잉여가치 생산이 확장과 축소를 반복하는 것은 자본주의가 한 국가에 자리 잡은 체제가 아니라 어느 한 국가보다는 당연히 더 큰 세계체제에 자리 잡고 있기 때문에 가능합니다. 만약 그러한 과정이 한 국가에서 발생한다면 국가권력을 잡은 이들

---

8 조지프 슘페터(1883~1950). 오스트리아 출신의 미국 경제학자. 기술혁신이 자본주의 발전에 미치는 영향을 강조했고, 자본주의의 존속을 옹호하고 마르크스의 이론을 비판하면서도 사회주의 정치체제로의 이행을 예측했다.

국제 체제의 헤게모니는 한 국가가 일련의 규칙을 체제 전반에 걸쳐 다른 나라에 부과할 수 있는 상황을 말합니다. 그 규칙은 세계체제의 관련 질서를 유지하는 데 도움이 됩니다. 국가 간 전쟁, 내전, 범죄 조직의 갈취, 정부와 기관의 광범위한 부패, 경범죄의 만연 등 모든 무질서는 특정 집단이나 개인에게 상당한 수입을 가져다줍니다. 하지만 체제 전체의 관점에서 보면 무질서는 자본 축적을 극대화하는 데 장애가 됩니다. 그러한 혼란은 인프라를 파괴하고 상품과 자본의 자유로운 이동을 방해하기 때문입니다.

이 잉여가치를 전유하는 것을 막을 방법이 없습니다. 따라서 기업가의 신제품 개발 동기가 사라집니다(혹은 최소한 상당히 줄어듭니다). 그러나 시장의 지리적 범위 안에 그 어떤 국가도 없다면 누구도 준독점을 보장하지 않습니다. 자본가가 '세계경제', 다시 말해 다수의 국가를 포함하는 구조 안에 자리 잡을 때만 기업가는 끝없는 자본 축적을 성공적으로 추구할 수 있습니다.

기업가와 국가의 이러한 양면적 관계는 이른바 헤게모니 주기가 자본주의 체제에서 갖는 유용성을 설명합니다. 헤게모니 주기는 콘드라티예프 주기보다 훨씬 더 긴 주기입니다.

국제 체제의 헤게모니는 한 국가가 일련의 규칙을 체제 전반에 걸쳐 다른 나라에 부과할 수 있는 상황을 말합니다. 그 규칙은 세계체제의 관련 질서를 유지하는 데 도움이 됩니다. 국가 간 전쟁,

> 헤게모니 국가의 정책은 지구적 축적으로부터 발생하는 이익의 많은 부분이 헤게모니 권력으로 흘러들게 하는 결과를 낳습니다. 다른 국가들의 관점에서 보면 헤게모니 질서에 따른 이익은 자신들을 피해가곤 합니다. 헤게모니 권력이 지정학적 권력의 준독점을 유지하는 데 어려움을 겪는 것은 이 때문입니다.

내전, 범죄 조직의 갈취, 정부와 기관의 광범위한 부패, 경범죄의 만연 등 모든 무질서는 특정 집단이나 개인에게 상당한 수입을 가져다줍니다. 하지만 체제 전체의 관점에서 보면 무질서는 자본 축적을 극대화하는 데 장애가 됩니다. 그러한 혼란은 (자본주의적 축적을 확장하는 데 핵심적인) 인프라를 파괴하고 상품과 자본의 자유로운 이동을 방해하기 때문입니다.

헤게모니는 또한 헤게모니 권력 자체, 다시 말해 그 국가와 기업가, 일반 시민에게 중요한 부수적 이익을 제공합니다. 헤게모니 국가의 정책은 지구적 축적으로부터 발생하는 이익의 많은 부분이 헤게모니 권력으로 흘러들게 하는 결과를 낳습니다. 다른 국가들의 관점에서 보면 헤게모니 질서에 따른 이익은 자신들을 피해가곤 합니다. 헤게모니 권력이 지정학적 권력의 준독점을 유지하는 데 어려움을 겪는 것은 이 때문입니다.

이 자리에서는 헤게모니 주기의 순환 패턴에 대해 자세히 논의하지는 않겠습니다. 선도적 산업의 준독점 경우와 마찬가지로 지정학적 권력의 준독점이 스스로 무너진다는 점만 언급하겠습니다. 그런데 그 과정은 복잡하고 험난합니다.* 헤게모니 주기가 콘드라티예프 주기보다 훨씬 더 긴 이유가 여기에 있습니다.

---

* 이 과정에 대한 설명은 *The Modern World-System, II: Mercantilism and the Consolidation of the European World-Economy, 1600-1750*(Berkeley: Univ. of California Press, 2011) 서문의 "The Concept of Hegemony in a World-Economy" 참조.

UNIVERSITY LECTURE

구조적 위기

콘드라티예프 주기와 헤게모니 주기는 둘 다 주기입니다. 하지만 불완전한 주기입니다. 주기의 끝 부분에서 체제는 출발점으로 돌아가지 않습니다. 실질 가치와 지리적 범위, 상품화의 심도 면에서 A 시기에 이뤄진 성장을 간단히 무효화할 수는 없습니다. A 시기의 성장으로부터 이익을 얻은 이들의 저항이 매우 큽니다. 결과적으로 이익이 줄어들지만 부분적일 뿐입니다. 체제는 퇴행한 것이 아니라 정체돼 있다고 말할 수 있습니다.

우리는 이를 2보 전진과 1보 후퇴의 과정으로 생각해볼 수 있습니다. 평형 상태로 돌아가기는 하지만 그 평형은 장기추세[9]를 보이며 주요 곡선에서 위쪽으로 이동합니다. 세로좌표에서는 특정 현

9 일관성 있고 규칙적인 장기적 변동을 말한다.

체제가 점근선에 가까워질수록 체제는 평형 상태에서 멀어집니다. 점근선과 교차하는 것은 불가능하기 때문입니다. 곡선이 약 80% 포인트에 도달하면 체제는 격하게 요동치기 시작하면서 '혼돈'에 빠집니다. 그러고는 곡선의 분기가 일어납니다. 우리는 이를 체제의 구조적 위기의 순간이라고 부를 수 있습니다. 구조적 위기는 한 가지 사실만이 분명한 상태라고 정의됩니다. 다시 말해 현존하는 체제는 평형 상태로 되돌아갈 수 없고 따라서 존속할 수 없다는 것이 확실합니다.

상의 비율을, 그리고 가로좌표에서는 시간을 측정하면 곡선은 점근선[10]을 향해 서서히 이동합니다.

그런데 체제가 점근선에 가까워질수록 체제는 평형 상태에서 멀어집니다. 점근선과 교차하는 것은 불가능하기 때문입니다. 곡선이 약 80% 포인트에 도달하면 체제는 격하게 요동치기 시작하면서 '혼돈'에 빠집니다. 그러고는 곡선의 분기가 일어납니다. 우리는 이를 체제의 구조적 위기의 순간이라고 부를 수 있습니다. 구조적 위기는 한 가지 사실만이 분명한 상태라고 정의됩니다. 다시 말해 현존하는 체제는 평형 상태로 되돌아갈 수 없고 따라서 존속할 수 없다는 것이 확실합니다. 이 시점에서는 두 가지(그리고 정반대의) 새로운 안정적 체제 사이에서의 집단적 '선택'이 존재합니다. 둘 중

10 좌표평면에서 x의 값이 양 또는 음으로 점점 커짐에 따라 어떤 곡선이 일정한 직선에 한없이 가까워질 때 그 직선을 곡선에 상대하여 이르는 말이다.

어느 쪽이 집단적으로 선택될지 예측하는 것은 본질적으로 불가능합니다. 그리고 그 과정이 끝나는 데 시간이 좀 걸립니다. 하지만 결국 새로운 대안 중 어느 한쪽으로 분명히 기울어집니다.

이제야 근대 세계체제가 평형 상태에서 멀리 떨어져 분기점에 이른 원인은 무엇일까요? 자본주의 체제에서 자본이 축적되는 방식이 그 이유입니다. 기본적인 방식은 생산을 통한 것입니다. 기업가/생산자는 판매가와 생산비의 차액을 이득으로 취합니다.

준독점을 통해 판매가를 극대화하는 방법은 앞서 살펴봤습니다. 이제 우리는 세 가지 일반적인 생산비, 다시 말해 인건비, 투입비용, 조세를 어떻게 최소화하는지 논의해야 합니다.

인건비는 집단에 따라 다릅니다. 비숙련 및 반숙련 노동자, 숙련 노동자 및 감독직 간부, 그리고 최고 관리자 등 세 가지 집단이 있습니다.

비숙련 및 반숙련 노동자의 경우, 조합 활동에 따른 비용 증가는 주로 국외 공장의 운영으로 억제됐습니다. 다시 말해 B 시기에 생산과정을 '역사적으로' 임금이 낮은 지역으로 이전한 것입니다. 농촌 지역으로부터 노동자를 고용하기 때문에 임금은 역사적으로 더 낮습니다. 농촌에 사는 이들의 실질소득[11]은 이전된 도시 생산과정

11 일정 기간에 얻은 소득의 실질적인 구매력을 뜻한다. 소득이 늘어나도 생활 수단의 가격이 그 이상으로 올라가면 실질소득은 줄어든다.

> 비숙련 및 반숙련 노동자의 경우, 조합 활동에 따른 비용 증가는 주로 국외 공장의 운영으로 억제됐습니다. 핵심 문제는 500년 동안 '국외 공장' 기법이 그 가능성을 거의 소진했다는 것입니다. 이전 가능한 새로운 지역이 별로 남아 있지 않습니다. 이는 지난 50년간 매우 극적으로 벌어진 세계체제의 탈농촌화로 측정할 수 있는 현상입니다.

이 제공하는 것보다 더 낮았습니다. 겉으로 보기에는 전형적인 윈윈win-win 상황입니다. 하지만 도시로 이주한 노동자가 새로운 삶에 적응하고 (지역과 달리) 세계 수준에서는 저임금을 받는다고 깨닫게 되면, 조합 활동을 통해 보다 나은 조건을 추구하기 시작합니다. 조만간 비용은 다시 큰 폭으로 증가하고 생산과정의 소유주는 더 먼 곳으로 공장을 이전합니다.

따라서 전 세계적으로 톱니 효과[12]가 발생합니다. 감소는 증가를 전적으로 줄이지는 못합니다. 핵심 문제는 500년 동안 '국외 공장' 기법이 그 가능성을 거의 소진했다는 것입니다. 이전 가능한 새로운 지역이 별로 남아 있지 않습니다. 이는 지난 50년간 매우 극적으로 벌어진 세계체제의 탈농촌화로 측정할 수 있는 현상입니다.

---

12 소득수준이 낮아져도 과거의 생활 패턴으로 인해 소비수준이 쉽게 낮아지지 않는 현상을 톱니 효과라고 한다. 경기후퇴로 소득이 줄어도 소비는 같은 속도로 줄지 않기 때문에 경기후퇴를 어느 정도 억제한다.

한편 간부와 관련된 비용 역시 두 가지 이유에서 증가했습니다. 첫째, 생산 단위의 규모가 더욱 확대되면서 중간 간부 인력이 더 많이 필요해졌습니다. 둘째, 비숙련 인력의 조합 조직에 대응하기 위해서는 더 많은 간부가 필요했습니다. 이들 간부는 작업장에서 최고 관리자의 편만 드는 것이 아닙니다. 신분 상승 가능성의 본보기 역할을 할 수도 있습니다. 따라서 비숙련 노동자의 정치적 결집을 약화시킵니다.

최고 관리자의 보수 또한 특히 최근 들어 눈에 띄게 상승했습니다. 사업 구조가 더욱 복잡해진 것이 그 근거였습니다. 하지만 잘 알려진 소유와 통제의 분리가 근본적 이유입니다.* 이로 인해 최고 관리자는 기업의 수입금을 착복하는 것이 가능했고 소유주/주주에게 돌아갈 몫이 제대로 지급되지 못했습니다.

투입비용도 올라갔습니다. 자본가는 가능한 한 많은 비용을 외재화합니다. 다시 말해 자신이 사용한 자원에 대해 제값을 치르려 하지 않습니다. 특히 자본가는 세 가지 과정을 최대한으로 외재화합니다. 그것은 바로 독성 폐기물 처리, 원자재 복원, 사업에 필요한 인프라의 (재)구축입니다. 최근까지 이런 외재화는 통상적인 관행으로 간주됐으며 정치권에서 쟁점이 된 적이 거의 없습니다.

---

* Adolf A. Berle & Gardner Means, *The Modern Corporation and Private Property*(New York: Macmillan, 1932) 참조.

해독과 자원 복원, 인프라 보수 및 확장과 관련해 정부의 더 큰 역할이 요구되고 있습니다. 그런데 정부가 이 새로운 역할을 수행하려면 세금을 상당히 많이 올려야 합니다. 그리고 향후 비용의 증가를 막기 위해 정부는 보다 많은 비용의 내재화를 기업가에게 요구합니다. 이러한 두 가지 조치, 다시 말해 증세와 보다 많은 비용의 내재화 요구로 인해 기업의 이윤은 크게 줄어듭니다.

하지만 이제 정치적 분위기는 급격히 바뀌었습니다. 우리는 기후변화를 논하고 '친환경'과 '유기농' 제품을 요구합니다. 외재화가 통상적 관행이라는 생각은 아득한 추억이 됐습니다. 독성 폐기물 처리를 둘러싼 논쟁의 발단을 간략히 설명하면 다음과 같습니다. 전 세계는 폐기물을 처리할 공적 소유지를 대부분 소진했습니다. 따라서 공공 보건에 미치는 영향이 더욱 확연해졌습니다. 강력한 사회운동이 새로 등장해 환경 정화를 요구했습니다.

게다가 세계 인구가 크게 증가함에 따라 에너지원, 물, 삼림, 어류, 육류 같은 자연 자원의 고갈 혹은 부족에 대한 우려가 야기됐습니다. 우리는 자원의 배분을 놓고 싸움을 벌이고 있으며, 복원 비용을 누가 지불해야 하는지 논쟁하고 있습니다.

마지막으로 세계시장에서의 판매를 위해 생산된 제품은 운송과 통신을 필요로 합니다. 오늘날 운송과 통신은 매우 효율적이고 훨

경희대 평화의 전당에서 강연하는 이매뉴얼 월러스틴 예일대 종신교수.

씬 빨라졌습니다. 하지만 비용이 상당히 증가했기 때문에 우리는 그 비용을 누가 지불해야 하는지, 다시 말해 인프라를 이용하는 생산자가 해야 하는지 아니면 일반 국민이 해야 하는지 논의하고 있습니다.

따라서 해독과 자원 복원, 인프라 보수 및 확장과 관련해 정부의 더 큰 역할이 요구되고 있습니다. 그런데 정부가 이 새로운 역할을 수행하려면 세금을 상당히 많이 올려야 합니다. 그리고 향후 비용의 증가를 막기 위해 정부는 보다 많은 비용의 내재화를 기업가에게 요구합니다. 이러한 두 가지 조치, 다시 말해 증세와 보다 많은 비용의 내재화 요구로 인해 기업의 이윤은 크게 줄어듭니다.

조세 증수의 가장 큰 원인은 세계 정치의 민주화였습니다. 사회운동은 교육, 의료 서비스, 평생에 걸친 소득의 제공을 정부에 요구하며 투쟁했습니다. 우리가 '복지국가'라고 부르는 것은 이 세 가지 부분의 조합입니다. 시간이 지나면서 각각에 대한 요구는 두 측면에서 꾸준히 확장됐습니다. 서비스 수준의 향상을 요구했고 운동의 지역적 범위가 증가했습니다.

생산비와 관련해 끝으로 조세 증수가 있습니다. 그 원인인 정부 규모와 기능의 확장은 모두가 원하지만 누구도 비용을 지불하고 싶지 않은 일입니다. 사적인 조세, 다시 말해 공무원의 부패와 범죄 조직의 요구도 증가합니다. 뇌물을 받는 사람이 더 많아지고 범죄 조직의 갈취가 갈수록 늘어나고 있습니다.

하지만 조세 증수의 가장 큰 원인은 세계 정치의 민주화였습니다. 사회운동은 교육, 의료 서비스, 평생에 걸친 소득의 제공을 정부에 요구하며 투쟁했습니다. 우리가 '복지국가'라고 부르는 것은 이 세 가지 부분의 조합입니다. 시간이 지나면서 각각에 대한 요구는 두 측면에서 꾸준히 확장됐습니다. 서비스 수준의 향상을 요구했고 운동의 지역적 범위가 증가했습니다.

요약하면, 세 가지 기본적 생산비인 인건비, 투입비용, 조세는 지속적으로 상승했고 점근선에 매우 가까워졌습니다. 그 결과 체제는 지난 500년간 활용한 일반적 기제를 통해서는 평형 상태로 돌아갈 수 없습니다. 더 심각한 것은 이윤 축소로 인해 중대한 문화적 변동이 발생했다는 점입니다. 1968년 세계혁명으로 야기된 이 변화는 지구적 문화에서 중도 자유주의 지배의 종식을 불러일으켰습니다.

UNIVERSITY LECTURE

1968년 세계혁명과 중도 자유주의의 종식

1968년 세계혁명의 중요한 측면은 혁명 가담자들이 이른바 구좌파에 대항한 것입니다. 구좌파는 기본적으로 세계 사회운동의 두 유형(공산당과 사회민주당)과 민족해방운동을 말합니다. 이들 운동은 19세기 후반에서 20세기 중반에 서서히 부상했습니다. 이 시기에는 대체로 취약하고 주변적이었습니다. 1945년에서 1968년에 이른바 2단계 전략, 다시 말해 먼저 국가권력을 잡고 그런 다음 세계를 바꾸는 전략을 지지한 구좌파 운동*은 갑작스럽게 세계체제의 거의 모든 부분에서 매우 강해졌습니다.

특별한 콘드라티예프 A 국면의 확장이 일어나고 미국의 헤게모

* 마르크스주의 사회운동은 러시아 혁명 이후 사회민주주의자(제2인터내셔널)와 공산주의자(제3인터내셔널)의 두 진영으로 나뉘었다. 그런데 두 진영의 의견 차이는 국가 지향적인 전략에 대한 것이 아니라 국가권력을 쟁취하는 방법에 대한 것이었다. 1968년 세계혁명 세력의 절대다수를 차지한 젊은이들은 제2인터내셔널과 제3인터내셔널의 논쟁을 중요하게 여기지 않았다.

니가 정점에 이른 시기에 정확히 이들 운동의 세력이 성장한 것은 우연이 아니었습니다. 콘드라티에프 A 시기에 자본가가 파업을 막기 위해 노동자에게 양보한 것과 마찬가지로 이 기간 동안 헤게모니 권력은 구좌파에게 양보하는 것이 지정학적 영역에서 상대적 안정을 유지하는 데 도움이 된다고 여겼습니다. 가능한 한 미국은 협상을 통한 식민지 독립을 선호했습니다. 이른바 제3세계의 탈식민화와 범유럽 세계의 복지국가 확산이 결합되면 보다 '온건한' 구조가 세계 정치에 조성될 것으로 기대됐고 실제로 일시적으로는 그렇게 됐습니다.

그 결과 1960년대 중반 무렵 구좌파 운동은 거의 모든 지역에서 국가권력의 획득이라는 역사적 목표를 달성했습니다. 다시 말해 2단계 과정 중 첫 단계를 완료한 것입니다. 공산당은 세계의 3분의 1을 지배하며 사회주의 권역을 형성했습니다. 사회민주당은 또 다른 3분의 1의 대부분 지역에서, 다시 말해 범유럽 세계에서 번갈아가며 집권했습니다.* 그리고 1968년 무렵 거의 모든 식민지 국가의 권력은 민족주의와 민족해방운동의 수중에 있었습니다.**

---

* 당시 사회민주당의 주요 정책 목표인 복지국가는 보수정당에서도 수용했다는 점을 기억해야 한다. 보수정당은 세부 사항에 대해서만 트집을 잡았다. 미국의 경우 뉴딜 정책을 추진한 자유주의자들은 일종의 사회민주주의자들이었다. 다만 그 호칭의 사용을 거부했을 뿐이다.

** 라틴아메리카의 대다수 국가들은 이미 19세기 초반에 공식적으로 독립했다. 하지만 그곳의 대중운동은 식민지 상태에서 벗어나지 못한 나라의 민족해방운동만큼 힘을 발휘하고 있었다.

> 1960년대 중반 무렵 구좌파 운동은 거의 모든 지역에서 국가권력의 획득이라는 역사적 목표를 달성했습니다. 정권을 잡은 이들 운동 중 대다수가 '온건하게' 보였어도, 당시 세계체제는 운동의 영향으로 커다란 승리감에 젖어 있었습니다. 그들은 미래가 자신들의 것이라고 선포했습니다. 하지만 1968년 세계혁명에 가담했던 이들은 동의하지 않았습니다. 구좌파 운동의 집권을 승리로 보지 않고 오히려 배신으로 간주했습니다. 이들은 본질적으로 접근했습니다. 권력을 잡았지만(1단계) 세계를 바꾸지(2단계) 못했다고 본 것입니다.

정권을 잡은 이들 운동 중 대다수가 '온건하게' 보였어도, 당시 세계체제는 운동의 영향으로 커다란 승리감에 젖어 있었습니다. 그들은 미래가 자신들의 것이라고 선포했습니다. 근대 세계체제의 권력자들은 이러한 예상이 적중할까 봐 걱정했습니다. 이들은 최악의 상황을 두려워했습니다. 하지만 1968년 세계혁명에 가담했던 이들은 동의하지 않았습니다. 구좌파 운동의 집권을 승리로 보지 않고 오히려 배신으로 간주했습니다. 이들은 본질적으로 접근했습니다. 권력을 잡았지만(1단계) 세계를 바꾸지(2단계) 못했다고 본 것입니다.

1968년 세계혁명에 가담한 사람들의 수사법에 귀를 기울이면, 그리고 당연히 나라마다 다른 지역적 참고 사항을 고려하지 않으면, 사회주의 권역이든 범유럽 세계든 제3세계든 다양한 봉기에 관여한 이들의 분석에서는 흔히 세 가지 주제를 찾아볼 수 있습니다.

첫 번째 주제는 미국의 헤게모니에 관한 것이었습니다. 미국의 헤게모니는 세계 질서의 보증인으로 간주되지 않았습니다. 오히려 제국주의적인 대군주, 다시 말해 지나치게 세력을 확장한 뒤 이제는 취약해져버린 지배자였습니다. 베트남 전쟁은 절정에 다다랐고, 1968년 2월 구정 공세는 미국 군사작전에 조종을 울리는 사건으로 여겨졌습니다. 이것이 전부가 아니었습니다. 혁명가들은 소련을 미국 헤게모니의 파트너라고 비난했습니다. 이들에게 냉전은 거짓에 불과했습니다. 사실상 현상 유지인 얄타 협정[13]이 중요한 지정학적 현실이었습니다. 적어도 1956년 수에즈 분쟁[14]과 헝가리 사태[15] 이후 그러한 의혹이 제기됐습니다. 이들 두 상황에서 초

---

13 제2차 세계대전 말기인 1945년 2월 미국의 루스벨트 대통령, 영국의 처칠 총리, 소련의 스탈린 서기장이 소련 크림 반도의 얄타에 모여 전쟁 수행 및 전후 처리와 관련된 일련의 협정을 체결했다. 3개국 수뇌들은 독일 분할 점령, 폴란드 자유선거 실시, 국제연합 창설, 소련의 대일(對日) 참전 등을 합의했다. 소련은 대일 참전의 대가로 일본의 쿠릴 열도 할양 및 사할린 남부 반환, 뤼순 조차권 회복, 다롄의 국제항화, 남만주 철도의 중소 공동 운영 등을 약속받았다.

14 이집트의 나세르 대통령은 경제개발을 위한 아스완 하이 댐 건설이 서구의 지원 철회로 차질을 빚자, 1956년 수에즈 운하를 국유화하고 그 수입으로 댐을 짓겠다고 선언했다. 운하 관리를 주도해온 영국과 프랑스는 자신들의 이권을 지키기 위해 이스라엘과 손잡고 이집트에 대한 군사작전에 돌입했다. 이스라엘의 시나이 반도 침공에 뒤이어 영국과 프랑스가 운하 지대를 공격했다. 유엔의 압력으로 영국, 프랑스, 이스라엘 군대가 철수하고 운하 관리권은 이집트에게 넘어갔다.

15 1956년 10월 헝가리 시민들이 공산당 독재에 맞서 부다페스트를 중심으로 봉기를 일으켰다. 국민의 지지로 집권한 개혁파가 과감한 개혁 조치를 추진하자, 그해 11월 소련은 헝가리에 대규모 군대를 투입해 개혁파를 무너뜨리고 친소 정권을 수립했다.

1945년 얄타 회담에 참석한 처칠, 루스벨트, 스탈린.

강대국은 냉전의 수사법이 지시하는 대로 움직이지 않았습니다. 1956년은 흐루쇼프Nikita Sergeevich Khrushchyov가 소련 공산당 제20차 당대회에서 '비밀' 연설을 행한 해이기도 합니다. 그는 이 연설에서 스탈린Iosif Vissarionovich Stalin의 수사와 많은 정책을 거부했습니다. 흐루쇼프의 연설은 소비에트 특권계급의 요구를 반영한 것이었지만, 이로 인해 소련을 비롯한 전 세계의 지지자들은 '환멸'을 느꼈습니다.

두 번째 주제는 구좌파 운동에 관한 것이었습니다. 권력을 잡은 뒤 세계를 바꾸겠다는(2단계) 약속을 지키지 못한 것과 관련해 구좌파는 도처에서 비난을 받았습니다. 과격파는 실패한 전략을 재

1956년 영국과 프랑스의 공격을 받은 이집트 수에즈 운하 북쪽의 포트사이드.

고해 새로운 운동으로 대체해야 한다고 주장했습니다. 많은 사람에게 본보기가 된 것은 중국의 문화혁명[16]이었습니다. 놀랍게도 문화혁명은 당과 정부의 최고 지위에 포진한 '주자파'[17]를 제거했습니다.

세 번째 주제는 '잊혀진' 사람들입니다. 인종, 성별, 민족, 성적 취향을 이유로, 다시 말해 모든 유형상의 다름 때문에 억압받는 이

16 1966년 중국에서 시작된 사회적, 정치적 운동. 중국 사회에서 자본주의적, 전통문화적 요소를 제거해 공산주의를 강화하고, 공산당 내에서 마오쩌둥주의의 정통성을 굳건히 하는 것이 목표였다.

17 문화혁명 당시 자본주의 노선을 따른다고 비판받은 류사오치, 덩샤오핑 등의 정치 세력.

© ismeretlen

1956년 헝가리 시민 봉기에서 파괴된 소련의 SU-85 자주포.

들을 다뤘습니다. 구좌파는 세계의 지배 권력처럼 이 문제에 책임이 있는 것으로 간주됐습니다. 이는 피할 수 없는 결과였습니다. 구좌파 운동 전체가 위계적 운동이었기 때문입니다. 이 운동은 어느 국가든 오직 하나의 운동이 혁명적 운동일 수 있다고 주장했습니다. 구좌파 운동은 투쟁하는 특정 계급에게 우선권을 부여했습니다. 산업화된 국가(북부)에서는 계급투쟁을, 나머지 지역(남부)에서는 민족운동을 최우선으로 삼았습니다.

1968년까지 구좌파의 입장은 다음과 같았습니다. 독자적 전략을 추구하는 '집단'은 가장 중요한 투쟁을 약화시키기 때문에 객관적으로 반혁명적이었습니다. 가장 중요한 투쟁에 속하지 않은 이

1968년의 과격파는 이른바 주요 투쟁에 우선권을 내주며 이들 '다른' 집단의 요구를 계속 미룰 수는 없다고 주장했습니다. 이들 집단이 맞서 싸우는 억압은 주요 집단의 투쟁 대상만큼 급박하고 중요한 것이었습니다. '잊혀진 사람들'로 조직된 집단에서는 특히 여성이 눈에 띄었습니다. 그리고 사회적으로 규정된 (인종적, 민족적, 종교적) 소수자, 다른 성적 취향을 가진 사람들, 그리고 환경 운동이나 평화 운동에 종사하는 사람들도 있었습니다.

들을 대표하는 집단이 정당화될 수 있는 것은 오로지 위계적 당 구조 내에서 조직돼 당의 하향식 전술 결정을 따를 때뿐이었습니다.

1968년의 과격파는 이른바 주요 투쟁에 우선권을 내주며 이들 '다른' 집단의 요구를 계속 미룰 수는 없다고 주장했습니다. 이들 집단이 맞서 싸우는 억압은 주요 집단의 투쟁 대상만큼 급박하고 중요한 것이었습니다. '잊혀진 사람들'로 조직된 집단에서는 특히 여성이 눈에 띄었습니다. 그리고 사회적으로 규정된 (인종적, 민족적, 종교적) 소수자, 다른 성적 취향을 가진 사람들, 그리고 환경 운동이나 평화 운동에 종사하는 사람들도 있었습니다. 물론 잊혀진 사람들은 끝없이 열거할 수 있습니다. 그 목록은 계속 늘어나고 있습니다. 이들 운동 중 다수는 더욱 과격해졌습니다. 미국의 블랙팬서Black Panther[18]는 그 당시 아주 유명했으며 과격파의 본보기로 많이 언급됐습니다.

1968년 세계혁명(실제로는 1966년부터 1970년까지 이어졌습니

> 세계혁명은 하나의 유산을 지구적 문화에 영원히 남겼습니다. 1968년 세계혁명의 와중에서 중도 자유주의자들은 자신들의 이데올로기적 접근법이 유일하게 옳은 것이라고 더 이상 주장할 수 없었습니다. 오랫동안 잠잠했던 진정한 보수 이데올로기와 진정한 급진 이데올로기가 제 목소리를 찾아 독자적인 정치조직으로 활동을 재개했습니다.

다)은 세계체제의 정치적 변혁을 이끌어내지 못했습니다. 대부분의 나라에서 운동은 성공적으로 제압됐고, 혁명에 가담한 사람들 대다수는 세월이 흐르면서 자신들의 젊은 열정을 잃어버렸습니다. 하지만 세계혁명은 하나의 유산을 지구적 문화에 영원히 남겼습니다. 1968년 세계혁명의 와중에서 중도 자유주의자들은 자신들의 이데올로기적 접근법이 유일하게 옳은 것이라고 더 이상 주장할 수 없었습니다. 오랫동안 잠잠했던 진정한 보수 이데올로기와 진정한 급진 이데올로기가 제 목소리를 찾아 독자적인 정치조직으로 활동을 재개했습니다.

이러한 지구적 문화의 변동이 근대 세계체제의 지정학에 끼친 영향은 막대했습니다. 자본가가 자본의 끝없는 축적을 추구하는

---

18 미국 흑인의 혁명적 사회주의 조직으로 1960~70년대에 흑인 권력 운동과 정치 개입을 통해 국내외에서 악명을 떨쳤다. 자결권, 완전고용, 쾌적한 주거 환경, 올바른 교육, 병역면제, 공정한 재판 등의 강령을 내세웠다.

것이 불가능해지는 시점에서, 모든 사람의 장밋빛 미래를 장담하는 중도 자유주의는 결국 근대 세계체제의 정치적 안정을 더 이상 강화하지 못했습니다. 중도 자유주의는 능력 있는 '전문가'의 현명한 조치를 통해 장밋빛 미래를 달성할 수 있다고 주장했었습니다.

UNIVERSITY LECTURE

신자유주의와 반세계화 운동: 우리의 선택은?

세계체제의 통치 이데올로기였던 중도 자유주의는 그 지위를 박탈당했습니다. 세 가지 대안 중 하나에 불과할 만큼 쇠퇴했습니다. 그리고 근본적 변화를 조직화했던 구좌파 운동은 소멸됐습니다.

그 결과 먼저 전 세계 우파, 다시 말해 '신자유주의'와 '워싱턴 컨센서스Washington consensus'[19]의 대대적 공세가 시작됐습니다. 하위 계층과 약소국이 1945년부터 1970년까지 받은 혜택의 무효화가 우파의 근본적인 요구였습니다. 최고 관리자를 제외한 모든 직원의 임금은 삭감됐습니다. 투입비용을 내재화하라는 압력은 중단됐습니다. 세금은 급격히 인하됐습니다. '복지국가'에 필요한 지출은

19 1989년 미국의 경제학자 존 윌리엄슨은 국제통화기금, 세계은행, 미국 재무부 등 워싱턴에 자리 잡은 기관들이 경제 위기를 겪는 개발도상국에게 장려한 개혁 패키지의 경제정책을 10가지로 정리해 워싱턴 컨센서스라고 불렀다. 이후 워싱턴 컨센서스는 시장에 더욱 기초한 접근법을 가리키는 데 일반적으로 사용됐다.

전 세계 우파, 다시 말해 '신자유주의'와 '워싱턴 컨센서스'의 대대적 공세가 시작됐습니다. 최고 관리자를 제외한 모든 직원의 임금은 삭감됐습니다. 투입비용을 내재화하라는 압력은 중단됐습니다. 세금은 급격히 인하됐습니다. '복지 국가'에 필요한 지출은 폐지는 면했지만 축소됐습니다. 정부 공무원의 규모도 축소됐습니다. 국영기업은 민영화됐습니다. 약소국은 '개발주의'와 '수입대체'를 더 이상 옹호하지 못하고 주로 수출을 위해 생산을 했습니다.

폐지는 면했지만 축소됐습니다. 정부 공무원의 규모도 축소됐습니다. 국영기업은 민영화됐습니다. 약소국은 '개발주의'와 '수입대체'[20]를 더 이상 옹호하지 못하고 주로 수출을 위해 생산을 했습니다. 그리고 이 모든 규정은 미국과 국제통화기금, 관련 기구에 의해 집행됐습니다. 대처Margaret Hilda Thatcher 여사가 한 말, '대안은 없다'가 이 프로그램의 슬로건이었습니다.

이 프로그램은 15~20년간 대단한 성공을 거둔 뒤 힘을 잃어버리고 맙니다. 전 세계가 시장으로의 방향 전환을 유일한 지침으로 삼은 결과, 국내뿐만 아니라 국가 간에도 경제적이고 사회적인 양극화가 심화됐습니다. 신자유주의자들이 유지하던 정치적 균형이 깨지기 시작했습니다. 이러한 정치적 변화를 야기한 전환점은 세 가

20 외국으로부터 수입하던 상품 및 서비스를 국내에서 생산해 자급함으로써 수입을 감소하거나 억제하는 정책이다.

신자유주의 정책을 추진한 대처와 레이건 내각.

지였습니다. 1994년 멕시코 치아파스Chiapas 주에서 일어난 네오 사파티스타neo-Zapatista 봉기[21], 1999년 세계무역기구 시애틀 회의 반대 시위[22], 그리고 2001년 브라질 포르투알레그레Porto Alegre에서 처음 열린 세계사회포럼[23]이 그 전환점들이었습니다.

치아파스 사건이 중요한 이유는 세계에서 가장 빈곤한 지역에

---

21 1994년 멕시코의 사파티스타 민족해방군이 치아파스 주에서 일으킨 무장봉기. 사파티스타 민족해방군은 자원 착취와 부정부패에 반발, 원주민에 대한 토지 분배와 처우 개선을 요구했다.

22 1999년 미국 시애틀에서 개최된 세계무역기구 각료 회의를 반대한 반세계화 시위. 국제적으로 불평등을 심화하고 환경을 파괴하는 자유무역주의를 비판했다.

23 전 세계 시민운동 조직이 해마다 개최하는 세계사회포럼은 세계화에 대한 저항을 통해 새로운 미래를 모색하고 있다. 세계화를 지향하며 개발도상국을 외면하는 선진국 중심의 세계경제포럼에 맞서 반세계화의 기치를 내걸고 출범했다.

> 전 세계가 시장으로의 방향 전환을 유일한 지침으로 삼은 결과, 국내뿐만 아니라 국가 간에도 경제적이고 사회적인 양극화가 심화됐습니다. 신자유주의자들이 유지하던 정치적 균형이 깨지기 시작했습니다. 이러한 정치적 변화를 야기한 전환점은 세 가지였습니다. 1994년 멕시코 치아파스 주에서 일어난 네오 사파티스타 봉기, 1999년 세계무역기구 시애틀 회의 반대 시위, 그리고 2001년 브라질 포르투알레그레에서 처음 열린 세계사회포럼이 그 전환점들이었습니다.

속하는 곳에서 두 가지 메시지를 지닌 봉기가 발생했다는 점입니다. 첫째, 네오 사파티스타는 멕시코의 국가권력을 장악하려고 하지 않았습니다. 오히려 원주민의 자치권을 위해 싸웠습니다. 둘째, 네오 사파티스타는 전 세계 (모든 종류의) 피억압 집단과 손을 잡았습니다. 그들은 이를 '은하계들 사이'의 연대라고 불렀습니다.

시애틀 사건이 중요한 것은 대중 시위가 전 세계에 영향을 끼칠 수 있는 가능성을 보여줬기 때문입니다. 보기 드물게 노동조합원과 환경운동가, 무정부주의자가 연합해(게다가 이들 대부분은 미국 출신이었습니다) 상당히 중요한 정부 간 회의를 중단시키는 데 성공했습니다. 세계무역기구 회의는 이른바 지적 재산권을 침해하는 일체의 국가 입법을 강력히 제한하는 협정을 합의할 계획이었습니다. 이 협정은 시애틀에서 채택되지 못했습니다. 또한 그 이후

© Steve Kaiser

1999년 세계무역기구 시애틀 회의 반대 시위 현장에서 군중에게 최루액을 뿌리는 경찰.

로 이 문제를 다시 제안하려는 모든 시도는 무산됐습니다.

전 세계 다양한 사회운동이 한데 모여 수평적 원칙을 토대로 국제회의를 성공적으로 치러낸 점이 포르투알레그레의 중요성이었습니다. 이 회의는 그 후로도 정기적으로 개최돼왔습니다. 워싱턴 컨센서스의 주요 기구 중 하나인 다보스 세계경제포럼[24]을 반대하는 의미에서 세계사회포럼이라는 이름이 채택됐습니다.

승자를 가리기 위해 전 세계에서 활발히 전개된 정치투쟁의 틀

24 전 세계의 유명한 기업인, 경제학자, 언론인, 정치인이 참가해 세계경제의 발전을 논의하는 국제회의. 경제 올림픽이라고 불릴 정도로 각국의 유력 인사가 대거 참석하며, 개최지인 스위스 다보스의 이름을 따 다보스 포럼이라고도 부른다.

© David Shankbone

2011년 미국 뉴욕 워싱턴스퀘어 공원에서 열린 '월 가를 점거하라' 운동의 총집회.

을 잡는 일이 시작됐습니다. 양측이 직면한 문제는 어떤 방법으로 자본주의 체제를 개혁해 다시 제대로 기능할 수 있게 하는지가 아니었습니다. 무엇이 이 체제를 대체할 것인지가 문제였습니다. 2011년 북미의 '점거하라' 운동[25]이 만들어낸 표현을 빌려 말하면, 이 문제는 1%와 99%, 둘 다에게 해당됩니다. 물론 모든 사람이 이런 의견에 동의하는 것은 아닙니다. 이런 식으로 이야기하지 않는 사람이 있습니다. 사실 대다수 사람들은 이 체제가 대체적으로 지속

25 2011년 미국에서 일어난 저항운동으로 사회적, 경제적 불평등에 맞서 정치에 대한 기업의 영향력 축소, 공정한 소득분배, 양질의 일자리 창출, 은행 개혁 등을 요구했다. 뉴욕의 '월 가(Wall Street)를 점거하라' 시위로 시작돼 미국 전역으로 퍼진 이 운동은 상위 1%에 부가 집중된 경제적 불평등을 비판하며 나머지 99%의 목소리를 대변했다.

> 승자를 가리기 위해 전 세계에서 활발히 전개된 정치투쟁의 틀을 잡는 일이 시작됐습니다. 양측이 직면한 문제는 어떤 방법으로 자본주의 체제를 개혁해 다시 제대로 기능할 수 있게 하는지가 아니었습니다. 무엇이 이 체제를 대체할 것인지가 문제였습니다.

되고 있다고 간주합니다. 틀린 말은 아닙니다. 그러나 현재 상황에서 낡은 규칙을 계속 활용하는 것은 구조적 위기를 심화합니다.

어느 편이든 투쟁의 본질을 명확히 간파하는 이들에게 중요한 문제는 승리할 수 있는 전략이 무엇인지입니다. 이 문제와 관련해 양쪽 진영 모두 분열돼 있습니다. 복잡성 연구가 주장하는 것처럼 결과는 본질적으로 예측 불가능합니다. 하지만 선택 가능한 것들을 개략적으로 그려볼 수는 있습니다. 한 가지 선택은 현 체제를 규정하는 세 개의 특징, 다시 말해 계급제도, 착취, 양극화를 비자본주의적인 형식으로 재생산하는 체제입니다. 또 다른 선택은 보다 민주적이고 보다 평등한 체제입니다. 이 체제는 이제껏 어디에서도 존재한 적이 없는 체제입니다. 두 가지 대안이 구성하게 될 제도가 실제로 어떠한지 밑그림을 그릴 수는 없습니다. 제도는 새로운 체제가 작동하기 시작하면서 서서히 모습을 드러낼 것입니다.

두 가지 가능성을 상징적으로 '다보스 정신'과 '포르투알레그레 정신'이라고 부른다면, 바람직하고 가장 효과적인 전략을 놓고 양

복잡성 연구가 주장하는 것처럼 결과는 본질적으로 예측 불가능합니다. 하지만 선택 가능한 것들을 개략적으로 그려볼 수는 있습니다. 한 가지 선택은 현 체제를 규정하는 세 개의 특징, 다시 말해 계급제도, 착취, 양극화를 비자본주의적인 형식으로 재생산하는 체제입니다. 또 다른 선택은 보다 민주적이고 보다 평등한 체제입니다. 이 체제는 이제껏 어디에서도 존재한 적이 없는 체제입니다.

진영 내부에서 벌어지는 논쟁을 살펴볼 수 있습니다.

'다보스 정신' 진영은 분열이 심각합니다. 강압 전략을 선호하는 한쪽 집단은 반대파를 제거하기 위해 무장 세력의 네트워크를 조직화해왔습니다. 그러나 또 다른 집단은 억압의 효과가 오랫동안 지속된다고 보지 않습니다. 이들은 람페두사Giuseppe Tomasi di Lampedusa의 전략을 지지합니다. 다시 말해 바뀌지 않으려면 모든 것을 바꿔야 한다[26]고 여깁니다. 이들은 능력주의, 녹색 자본주의, 더 공평하고 더 다양한 사회, 저항 세력에 대한 관용 같은 용어를 사용합니다. 이들이 기대하는 것은 보다 민주적이고 보다 평등한 체제에 대한 옹호를 그러한 '개혁'으로 저지하는 것입니다.

'포르투알레그레 정신' 진영의 분열도 심각합니다. '수평주의자'

---

26 이탈리아의 소설가 주세페 토마시 디 람페두사의 작품 『표범(Il Gattopardo)』에 나오는 구절.

© World Economic Forum

2013년 스위스 다보스에서 열린 세계경제포럼.

는 이행에서 사용된 전략이 결과의 유형을 결정한다고 주장합니다. 이들이 바라는 것은 '더 나은 세계'를 추구하는 온갖 부류의 사람들 사이에서 논의를 극대화해 최대한의 합의를 도출하는 것입니다. 이들은 이른바 '문명의 위기'를 강조하면서 성장이라는 집단적 목표를 거부합니다. 사회적 목표를 합리적으로 조절하는 것을 선호합니다. 그러한 균형을 통해 보다 민주적이고 보다 평등한 체제가 형성된다고 믿습니다.

하지만 이 진영에는 또 다른 집단이 있습니다. 정치투쟁에서 승리할 수 있는 방법은 조직화된 힘밖에 없다고 주장하는 사람들입니다. 이들에게 필요한 것은 일종의 '수직적' 조직입니다. 게다가 이 집단은 이득의 재분배를 위해서는 남반구 저개발국의 경제성장이 시급하다고 강조합니다. 이들의 시각에 따르면, '문명의 변화'를

> 우리가 내디뎌야 하는 첫걸음은 복잡한 전쟁터에 대해 지적 분석을 시도하는 것입니다. 분석이 완료되면 우리는 각자 도덕적 선택을 해야 합니다. 앞길에 대한 비정치적인 해답, 기술주의적인 정답은 없습니다. 순전히 지적인 해법도 없습니다. 따라서 어쩔 수 없이 우리는 자신이 내면화한 가치에 의존하게 됩니다. 도덕적 결정을 내리고 나면 목표 달성을 위해 역량을 최적화하는 정치적 전략을 찾아내야 합니다. 바꿔 말하면 선택한 목표로 상황이 완전히 기울도록 선택을 밀어붙이는 것입니다.

우선시하는 사람들은 남반구 저개발국 국민의 복지 향상을 가로막고 있습니다.

따라서 전반적인 상황은 단순히 양편이 투쟁하는 것이 아닙니다. 네 개의 집단이 정치의 장에 포진하고 있습니다. 당연히 누구에게나 매우 혼란스러운 상황입니다. 지적으로, 도덕적으로, 정치적으로 혼란스럽습니다. 이로 인해 결과의 불확실성은 배가됩니다.

우리가 내디뎌야 하는 첫걸음은 복잡한 전쟁터에 대해 지적 분석을 시도하는 것입니다. 분석이 완료되면 우리는 각자 도덕적 선택을 해야 합니다. 앞길에 대한 비정치적인 해답, 기술주의적인 정답은 없습니다. 순전히 지적인 해법도 없습니다. 따라서 어쩔 수 없이 우리는 자신이 내면화한 가치에 의존하게 됩니다. 도덕적 결정을 내리고 나면 목표 달성을 위해 역량을 최적화하는 정치적 전

2003년 브라질 포르투알레그레에서 열린 세계사회포럼.

략을 찾아내야 합니다. 바꿔 말하면 선택한 목표로 상황이 완전히 기울도록 선택을 밀어붙이는 것입니다.

'역사'는 이 투쟁에서 어느 누구의 편도 아닙니다. 우리는 가치를 실현할 수 있는 최상의 정치적 전술을 선택하지 못할 수도 있습니다. 먼 훗날 정치적 행동과 관련해 저지른 잘못을 떠올리며 후회할 수도 있습니다. 결과는 본질적으로 예측 불가능하기 때문에 선호하는 세계체제를 실현할 가능성은 기껏해야 반반입니다. 하지만 이는 비관주의 못지않게 낙관주의도 가질 수 있는 이유입니다.

지적 생애와 사회적 소명

UNIVERSITY LECTURE

지적 탐구의 시작

당대의 현실에 대한 적절한 설명을 오랫동안 찾아 나선 것이 저의 지적인 생애입니다. 저는 물론 다른 사람들이 그 설명에 따라 행동할 수 있도록 말입니다. 이 탐구는 지적일 뿐만 아니라 정치적이었습니다. 두 측면 중 하나가 없으면 다른 하나도 있을 수 없는 그런 것이었습니다. 저를 포함해 누구나 느꼈던 점일 것입니다.

이 탐구를 처음 시작한 것은 뉴욕에서 고등학교를 다닐 때였던 것 같습니다. 당시는 2차 대전 중이었습니다. 저희 가족은 정치에 관심이 많았습니다. 집에서는 늘 세계정세를 논했습니다. 나치즘과 파시즘에 맞선 투쟁이 주된 관심사였습니다. 진주만 공격이 벌어지기 훨씬 전부터 말입니다. 전 세계 좌파의 커다란 분열, 다시 말해 제2인터내셔널과 제3인터내셔널 간의 분열도 잘 알고 있었습니다. 전쟁으로 말미암은 연합의 조용한 분위기 속에서도, 양쪽을

> 당대의 현실에 대한 적절한 설명을 오랫동안 찾아 나선 것이 저의 지적인 생애입니다. 저는 물론 다른 사람들이 그 설명에 따라 행동할 수 있도록 말입니다. 이 탐구는 지적일 뿐만 아니라 정치적이었습니다. 두 측면 중 하나가 없으면 다른 하나도 있을 수 없는 그런 것이었습니다.

갈라놓은 쟁점은 뚜렷이 드러났습니다. 제가 살던 뉴욕 주에서는 자유당과 미국노동당의 정치적 논쟁을 통해 그러한 쟁점을 접했습니다. 1947년 컬럼비아대학에 입학했을 때 학내에서 가장 활기찬 정치조직은 미국참전용사위원회였습니다. 저는 참전용사가 되기에는 이른 나이였지만 위원회 공개회의에 참석하곤 했습니다. 위원회는 분열로 인해 와해될 지경이었습니다.

저는 그러한 논쟁과 열변에 대해 나름대로 견해를 가졌고 이에 맞춰 책을 읽었습니다. 저와 같은 생각을 지닌 사람들은 전 세계적으로 극소수에 불과했습니다. 사회민주주의자들이 공산주의자들을 놓고 하는 말은 거의 모두 옳았습니다. 그들은 스탈린주의와 공포정치의 해악, 전 세계 노선의 무원칙한 방향 전환, 위선적인 말 등을 지적했습니다. 공산주의자들이 사회민주주의자들에 대해 하는 말도 거의 모두 맞았습니다. 그들은 서구 민족주의에 대한 고질적인 굴복, 자본주의 양극화에 대한 소극적 반대, 인종적 불평등에 대한 미온적 태도 등을 언급했습니다.

지적으로는 한 문제를 천착하게 됐습니다. 수년 동안 글을 통해 이 문제를 진전시켰습니다. 제가 반체제운동이라고 부르게 된 것의 본질, 그리고 완전히 벗어날 수는 없는 체제의 제약에 의해 어떻게 반체제운동의 활동이 구조화되는지가 그 문제였습니다. 간단히 말해 운동을 역사적으로 파악하기 시작했습니다. 운동이 어떻게 벌어졌는지 보다 깊이 이해하고, 진정으로 유용한 정치적 선택을 도출하기 위해서였습니다.

이로 인해 저는 정치적으로 딜레마에 빠졌습니다. 그 후로 줄곧 이 문제와 씨름해야 했습니다. 지적으로는 한 문제를 천착하게 됐습니다. 수년 동안 글을 통해 이 문제를 진전시켰습니다. 제가 반체제운동이라고 부르게 된 것의 본질, 그리고 완전히 벗어날 수는 없는 체제의 제약에 의해 어떻게 반체제운동의 활동이 구조화되는지가 그 문제였습니다. 간단히 말해 운동을 역사적으로 파악하기 시작했습니다. 운동이 어떻게 벌어졌는지 보다 깊이 이해하고, 진정으로 유용한 정치적 선택을 도출하기 위해서였습니다.

UNIVERSITY LECTURE

아프리카 연구

전후 초반인 1945~50년은 모든 것이 가능해 보였던 들뜬 시절이었습니다. 저를 포함한 많은 사람들은 한국전쟁과 함께 그 시절을 떠나보냈습니다. 갑작스레 반공산주의가 휘몰아쳤고 매카시즘[27]이 미국을 휩쓸기 시작했습니다. 저는 1951~53년까지 미 육군에서 복무했습니다. 제대 후 학교로 돌아온 저는 석사 학위논문의 주제로 미국 정치 문화의 한 현상인 매카시즘을 정했습니다. 『새로운 권력자New Men of Power』에서 라이트 밀스C. Wright Mills[28]가 제시한 지적인 보수와 현실적 우파의 구분을 활용해 매카시즘은 현실적 우

27 1950년대 미국을 휩쓴 반공주의 선풍. 국무부에 205명의 공산주의자가 있다는 폭탄선언으로 대대적인 공산주의자 추방 열풍을 일으킨 공화당 상원 의원 조지프 매카시의 이름에서 유래했다.

28 라이트 밀스(1916~1962). 미국의 사회학자. 미국의 정계, 군부, 재계 엘리트 사이의 동맹, 중간계급 등을 분석했으며, 사회에 대한 합의 이론과 기능적 관점을 비판했다.

"제 탐구는 정계와 학계의 일반적 견해뿐만 아니라 그 지배적 관점에서 비롯돼 제 마음에 내재화된 개념에도 맞선 지난한 싸움이었습니다."

파의 프로그램이라고 주장했습니다. 이 프로그램은 공산주의자와는 관련이 적었습니다. 오히려 주된 타깃은 지적인 보수였습니다. 논문은 호평을 받았고 널리 인용됐습니다. 이를 계기로 더욱 확실히 저 자신을 '정치사회학자'(1950년대 식으로 말하면)로 여기게 됐습니다.

하지만 미국 정치를 주된 지적 관심사로 삼지 않겠다고 마음먹었습니다. 저는 고교 시절 이후 줄곧 비유럽 세계에 깊은 관심을 가졌습니다. 특히 근대 인도에서 일어난 사건을 주목했고 간디Mahatma Gandhi와 네루Pandit Jawaharlal Nehru에 대해 많이 공부했습니

> 저는 미국이라는 친숙한 분야에서 일찌감치 벗어나 아프리카를 지적으로 탐구했습니다(아프리카를 처음 방문하고 연구를 시작할 당시 그곳은 여전히 식민지였습니다). 20세기에서 가장 중요한 사건이 서구의 비서구 지배를 극복하는 투쟁이라고 1950년대에 직감했기 때문입니다. 요즘 말로 하면 북반구와 남반구 관계 혹은 중심과 주변 관계 또는 유럽중심주의와 관련된 문제입니다. 당대의 중요한 정치적 쟁점에 눈을 뜨고 근대 세계체제 역사의 분석법에 대한 학문적 문제를 깨닫게 된 것은 아프리카 연구 덕분입니다.

다. 1951년 어느 국제청년회의에서 아프리카 대표를 많이 만난 적이 있습니다. 대부분 저보다 나이가 많았고 자기 나라의 정계에서 중요한 위치를 점하고 있었습니다. 1952년에는 또 다른 청년회의가 세네갈의 다카르에서 열렸습니다. 이미 그때부터 프랑스령 서아프리카는 술렁거렸습니다. 독립운동의 조짐이 심상치 않았습니다.

저는 지적인 관심을 아프리카에 집중하기로 결정했습니다. 그리고 연대를 위한 노력도 다짐했습니다. 저는 프랑스어에 능통한 데다 일찍이 아프리카와 관계를 맺었기 때문에 언어 장벽을 극복하고 아프리카를 연구한 몇 안 되는 학자 중 하나가 됐습니다. 아프리카 연구와 박사 학위논문 작성을 위해 1955년 포드 재단의 지원을 받았습니다. 민족운동의 발흥에서 자발적 결사가 담당한 역할과 관련해 골드코스트(가나)와 아이보리코스트의 사례를 비교하는 것이 논문의 주제였습니다. 이로써 저는 아프리카 연구자가 됐고 20여 년에 걸쳐 지적인 임무를 계속 수행했습니다. 아프리카를 주제로 많은 책과 논문을 발표했고 1973년에는 미국아프리카학회의 회장이 됐습니다. 20여 년 동안 아프리카 구석구석을 돌아다닌 결과, 전체 국가 중 4분의 3 정도를 방문했습니다.

저는 미국이라는 친숙한 분야에서 일찌감치 벗어나 아프리카를 지적으로 탐구했습니다(아프리카를 처음 방문하고 연구를 시작할 당시 그곳은 여전히 식민지였습니다). 20세기에서 가장 중요한 사건이 서구의 비서구 지배를 극복하는 투쟁이라고 1950년대에 직감했기 때문입니다. 요즘 말로 하면 북반구와 남반구 관계 혹은 중심과 주변 관계 또는 유럽중심주의와 관련된 문제입니다.

여기서 한 가지 짚고 넘어가야 할 것이 있습니다. 제가 가장 중요하다고 판단한 사건은 1950년대와 그 후로도 오랫동안 대부분의 사람들에 의해 공유되지 않았습니다. 민주주의와 전체주의의 냉전, 부르주아지와 프롤레타리아트(두 용어는 다소 좁은 의미로 정의됐습니다)의 투쟁이 우리 시대의 핵심 사안으로 간주됐습니다(사실 지금도 그렇습니다). 따라서 제 탐구는 정계와 학계의 일반적 견해뿐만 아니라 그 지배적 관점에서 비롯돼 제 마음에 내재화된 개념에도 맞선 지난한 싸움이었습니다. 이런 상황에서 제 관심은 실증적 연구의 기반이던 아프리카에서 멀어졌습니다. 하지만 당대의 중요한 정치적 쟁점에 눈을 뜨고 근대 세계체제 역사의 분석법에 대한 학문적 문제를 깨닫게 된 것은 아프리카 연구 덕분입니다. 아프리카 때문에 저의 교육적 유산에서 보다 쓸모없는 부분을 덜어낼 수 있었습니다.

UNIVERSITY LECTURE

세계체제 분석

탐구 초기에는 그저 현실에 대한 실증적 분석이 논쟁거리일 뿐이라고 생각했습니다. 그러나 문제는 바로 분석 도구라는 것을 곧 깨달았습니다. 그동안 배웠던 것들은 우리의 실증적 분석을 제한하고 해석을 왜곡하는 것으로 보였습니다. 제 시각은 20여 년에 걸쳐 서서히 형성됐습니다. 1970년대 들어 저는 '세계체제 분석'이라고 부른 관점에서 세계를 바라보기 위해 노력하는 중이라고 말하기 시작했습니다. 여기에는 두 가지 중요한 지적 결정이 포함됐습니다. 먼저 '분석 단위'의 선택이 중요했습니다. 저는 근대의 모든 사회과학이 국가 경계를 '사회'의 경계로 가정한다는 것을 점차 깨닫게 됐습니다. 이는 매우 오도된 전제라고 확신했습니다. 그 대신 타당한 분석 단위는 '세계체제', 보다 일반적으로는 '역사적 사회체제'밖에 없다고 주장했습니다.

먼저 '분석 단위'의 선택이 중요했습니다. 저는 근대의 모든 사회과학이 국가 경계를 '사회'의 경계로 가정한다는 것을 점차 깨닫게 됐습니다. 이는 매우 오도된 전제라고 확신했습니다. 그 대신 타당한 분석 단위는 '세계체제', 보다 일반적으로는 '역사적 사회체제'밖에 없다고 주장했습니다.

두 번째 지적인 결정은 이른바 방법론 논쟁이 전적으로 잘못됐다는 것이었습니다. 개별 기술적인 인문학과 법칙 정립적인 과학 사이의 논쟁은 근대의 모든 사회과학을 지탱하고 분할했습니다. 모든 사람이 한쪽을 선택하라고 권유했지만(실은 강요했지만) 저는 그렇게 하지 않았습니다. 저는 본능적으로, 그리고 나중에는 보다 합리적인 근거에서 다음과 같이 확신했습니다. 현실 세계를 묘사하고 설명하는 문제를 해결하려면 모든 분석은 역사와 체제를 고려해야 한다고 굳게 믿었습니다.

제 연구의 두 가지 기본 전제는 분석 단위로서의 세계체제, 그리고 역사와 체제를 고려해야 하는 사회과학입니다. 이런 주장을 제기했을 때 두 가지 중 어느 쪽도 인기를 끌거나 열렬히 환영받지 못했습니다. 저의 학문적 트레이드마크가 되고 가장 큰 영향을 미친 것은 첫 번째 전제였습니다. 분석 단위인 세계체제의 근거를 제시하자(주로 『근대 세계체제The Modern World-System』 1권에서 다루었고 "세계 자본주의 체제의 발흥과 다가올 붕괴: 비교 분석을 위

개별 기술적인 인문학과 법칙 정립적인 과학 사이의 논쟁은 근대의 모든 사회과학을 지탱하고 분할했습니다. 모든 사람이 한쪽을 선택하라고 권유했지만(실은 강요했지만) 저는 그렇게 하지 않았습니다. 저는 본능적으로, 그리고 나중에는 보다 합리적인 근거에서 다음과 같이 확신했습니다. 현실 세계를 묘사하고 설명하는 문제를 해결하려면 모든 분석은 역사와 체제를 고려해야 한다고 굳게 믿었습니다.

한 개념The Rise and Future Demise of the World Capitalist System: Concepts for Comparative Analysis"이라는 논문에서도 제기했는데, 둘 다 1974년에 나왔습니다) 많은 이들이 호의적인 반응을 보였습니다. 일부는 전적으로 수긍했고 다른 사람들은 그저 진지하게 다뤄야 하는 주장이라고 했습니다. 반대가 심한 사람들은 실증적 근거(사실이 아니다)가 아니라 인식론적 근거(이른바 반증 가능한 명제가 아니다)에서 반박하곤 했습니다.

따라서 현실 세계에 대한 묘사가 기존의 것과 달라야 한다고 주장하는 것만으로는 충분하지 않다는 점을 깨달았습니다. 어떤 묘사가 실제로 사실인지 혹은 다른 것에 비해 더욱 옳고 타당하고 유용한지 알 수 있는 방법에 관한 싸움이 결정적이었습니다. 사회과정에 대한 통합적이고 복합적인 분석을 계속 진행하기 위해서는 인식론적 문제와 씨름해야 했습니다. 점차 인식론적 문제에 관심

> 사회 현실을 바라보는 방식을 바꿔 보니 현존하는 세계체제를 구성하는 데 영향을 미친 역사적 선택이 명료해졌습니다. 뿐만 아니라 이후의 세계체제(들)를 만드는 데 필요한 가까운 미래의 선택도 분명해졌습니다. 세계체제 분석을 통해 구체적 문제를 광범위하게 정리했습니다. 그리고 언제나 작업의 마지막은 그 조각들을 끼워 맞추는 것이었습니다. 세계체제 분석으로 '진실을 발견한' 것은 아닙니다. 그 분석 덕택에 사회 현실을 타당하게 설명할 수 있었습니다. 정치적이고 도덕적인 결정을 내리는 데 보다 유용하게끔 말입니다.

을 기울였습니다. 사회 현실에 대한 시각이 인식론적 논거에 따라 어떻게 달라지는지 주목했습니다.

이는 지적으로 큰 소득이었습니다. 두 가지 전제를 통해 해묵은 논쟁을 재해석하고 새로운 정보를 모을 수 있었습니다. 그러한 정보는 당대의 현실을 조명하는 중요한 자료였습니다. 이처럼 사회 현실을 바라보는 방식을 바꿔 보니 현존하는 세계체제를 구성하는 데 영향을 미친 역사적 선택이 명료해졌습니다. 뿐만 아니라 이후의 세계체제(들)를 만드는 데 필요한 가까운 미래의 선택도 분명해졌습니다. 세계체제 분석을 통해 구체적 문제를 광범위하게 정리했습니다. 그리고 언제나 작업의 마지막은 그 조각들을 끼워 맞추는 것이었습니다. 세계체제 분석으로 '진실을 발견한' 것은 아닙니다. 그 분석 덕택에 사회 현실을 타당하게 설명할 수 있었습니다.

정치적이고 도덕적인 결정을 내리는 데 보다 유용하게끔 말입니다. 또한 오래 지속되는 구조가 무엇인지, 그리고 현실에 대한 일시적인 표현은 무엇인지 세계체제 분석을 통해 구분할 수 있었습니다. 일시적 표현을 새로 유행하는 이론으로 구체화하는 것을 자주 볼 수 있습니다. 이른바 '세계화'와 관련된 논의가 쏟아져 나온 것처럼 말입니다.

저는 근대 세계체제의 역사적 기능과 발전을 설명하는 데 전념했습니다. 여기서 근대 세계체제란 자본주의 세계경제를 말합니다. 그 핵심적 제도와 역사적 기원을 기술하려고 노력했습니다. 또한 체제의 위기에 따라 새로운 질서로의 혼란스러운 이행에 접어드는 원인을 찾으려고 했습니다. 콘드라티예프 주기, 상품 사슬[29], 소득 결합 가구, 국제적 체제와 그 헤게모니 주기, 지구적 문화 등 자본주의 세계경제의 주요 제도적 구조에 대한 분석을 시도했습니다. 그리고 국가 발전과 하나의 설명 모델(근대화 이론)인 개발주의가 왜 환상인지 낱낱이 비판하고자 했습니다.

세계체제라고 하면 평형 가정과 합의 이론의 이미지를 떠올리곤 합니다. 저와는 별 상관이 없는 이야기입니다. 체제와 관련해 가장 흥미로운 부분은 깊은 균열의 발생 과정입니다. 체제는 제도화를

29 자원을 모아 상품으로 변형시켜 소비자에게 분배하는 일련의 과정.

세계체제라고 하면 평형 가정과 합의 이론의 이미지를 떠올리곤 합니다. 저와는 별 상관이 없는 이야기입니다. 체제와 관련해 가장 흥미로운 부분은 깊은 균열의 발생 과정입니다. 저는 다음과 같은 주제를 분석하기 시작했습니다. 근대 세계체제의 주요 균열은 무엇이었는가, 그것들은 서로 어떻게 달랐는가, 그것들은 서로 어떻게 연관됐는가, 각 균열은 상호 영향을 어떻게 제한했는가. 근대 세계의 주요 균열을 인종, 국민, 계급, 민족성, 성별 등 다섯 가지로 규정하고 이들을 구분해 정리하려고 노력했습니다.

통해 균열을 제한하려고 합니다. 게오르크 짐멜Georg Simmel[30]과 루이스 코저Lewis Alfred Coser[31], 맥스 글럭먼Max Gluckman[32]이 오래전에 논한 문제입니다. 그런데 체제는 내부 갈등을 제거하는 데 성공하지 못합니다. 심지어 갈등이 폭력적 형태를 띠는 것도 막지 못합니다. 체제에 대한 이런 이해는 마르크스Karl Marx의 저작이 우리에게 남긴 주된 유산입니다.

지난 몇 십 년에 걸쳐 우리 모두 명백히 알게 된 것처럼, 어떤 역

---

30 게오르크 짐멜(1858~1918). 독일의 사회학자. 개인을 초월하여 실재하는 통일체로서의 사회를 반대하고, 각 분야의 기능적인 상호작용으로 사회를 파악했다.

31 루이스 코저(1913~2003). 미국의 사회학자. 사회의 갈등이 내부의 긴장을 완화해 통합에 기여하고, 때로는 모순을 현재화해 변혁을 가져온다고 보았다.

32 맥스 글럭먼(1911~1975). 남아프리카공화국의 사회인류학자. 사회 체계가 동적인 운동 속에서 균형을 지향한다고 주장했다.

저의 마지막 관심사는 우리에게 가장 중요한 궁극적 문제입니다. 무엇을 할 것인가? 저는 이와 관련해 '저항, 희망, 기만'을 떠올립니다. 제가 근대 세계체제의 반체제운동이라고 부른 것은 이들 세 단어를 통해 이야기할 수 있습니다. 저는 반체제운동의 이야기를 보다 광범위한 지정학적 구조와 관련짓고 있습니다. 또한 현실과 그 현실에 대한 열망을 묘사하기 위해 발전시킨 정치적 개념과 연결하고 있습니다.

사적 체제든 여러 균열을 갖고 있습니다. 저는 다음과 같은 주제를 분석하기 시작했습니다. 근대 세계체제의 주요 균열은 무엇이었는가, 그것들은 서로 어떻게 달랐는가, 그것들은 서로 어떻게 연관됐는가, 각 균열은 상호 영향을 어떻게 제한했는가. 근대 세계의 주요 균열을 인종, 국민, 계급, 민족성, 성별 등 다섯 가지로 규정하고 이들을 구분해 정리하려고 노력했습니다.

저의 마지막 관심사는 우리에게 가장 중요한 궁극적 문제입니다. 무엇을 할 것인가? 저는 이와 관련해 '저항, 희망, 기만'을 떠올립니다. 제가 근대 세계체제의 반체제운동이라고 부른 것은 이들 세 단어를 통해 이야기할 수 있습니다. 저는 반체제운동의 이야기를 보다 광범위한 지정학적 구조와 관련짓고 있습니다. 또한 현실과 그 현실에 대한 열망을 묘사하기 위해 발전시킨 정치적 개념과 연결하고 있습니다.

UNIVERSITY LECTURE

지적 탐구의 일관된 주제

저는 세계체제 분석을 정교화하기 전에 민족성이 의미하는 바가 무엇인지 알아내려고 애썼습니다. 프란츠 파농Frantz Fanon[33]의 흥미진진하고 영향력 있는 저서를 살펴보았습니다. '자유 사회의 급진적 지식인'에게 필요한 올바른 정치적 태도와 관련해 1968년 혁명으로부터 결론을 도출해보았습니다. 초기 관심이었던 아프리카를 근대 세계체제 연구에 접목해보기도 했습니다. 『근대 세계체제』의 서문에서는 지식의 구조를 둘러싼 쟁점을 다뤘습니다.

읽고 관찰하고 분석하고 글을 쓰는 작업을 계속 진행하면서 깨달은 사실이 있습니다. 저의 지적인 도전을 보면 자주 반복되는 주

33 프란츠 파농(1925~1961). 프랑스령 마르티니크 섬 출신의 프랑스 정신과 의사, 철학자, 혁명가. 식민지 상태의 정신병리학과 탈식민지화의 사회적, 문화적 결과에 관심을 가졌다. 알제리 독립전쟁을 지지하며 알제리 민족해방전선에 참여하기도 했다.

자신의 견해는 보편적 표현으로 여기고 다른 사람의 견해는 갖가지 개별적 표현으로 간주하기 쉽습니다. 그런데 자기중심적인 보편주의가 스킬라라면, 카리브디스는 자기중심적인 차이입니다. 자기중심적인 차이는 세상에 대한 모든 사회적 표현, 모든 학문적 주장, 모든 인식이 똑같이 타당하고 유용하고 도덕적이라고 주장합니다. 지적으로 혹은 도덕적으로 가치 있는 구분이 없습니다. 이러한 두 가지 위험은 최대한 합리적이고 최대한 민주적인 세계를 함께 검토하고 이해하고 이룰 수 있는 가능성을 파괴합니다.

제가 밑바탕에 깔려 있었습니다. 가장 어려운 문제가 있습니다. 네 가지가 눈에 띕니다. 첫째, 우리는 개별적 판단이 아니라 보편적 시도에 비중을 두고 싶어 합니다. 자신의 견해는 보편적 표현으로 여기고 다른 사람의 견해는 갖가지 개별적 표현으로 간주하기 쉽습니다. 그런데 자기중심적인 보편주의가 스킬라Scylla[34]라면, 카리브디스Charybdis[35]는 자기중심적인 차이입니다. 자기중심적인 차이는 세상에 대한 모든 사회적 표현, 모든 학문적 주장, 모든 인식이 똑같이 타당하고 유용하고 도덕적이라고 주장합니다. 지적으로 혹

---

34 그리스 신화에 등장하는 바다 괴물로 해협 절벽의 동굴에 살면서 근처를 지나는 뱃사람을 잡아먹는다.

35 카리브디스 역시 그리스 신화에 등장하는 바다 괴물로 커다란 소용돌이를 일으켜 배를 침몰시킨다.

현실 세계가 존재한다고 말하면서 동시에 사회적 안경을 통해 현실 세계를 바라볼 수밖에 없다고 주장하는 것은 사려 깊은 학자를 딜레마에 빠지게 합니다. 우리의 안경이 우리의 시각을 어떻게 왜곡하는지, 그리고 이러한 왜곡을 어떻게 개선할 수 있는지 끊임없이 성찰해야 합니다. 하지만 우리 자신에 대한 성찰은 똑같은 모순에 빠지기 쉽습니다. 이러한 딜레마로 인해 저는 인식론적 쟁점을 분석의 중심으로 삼았습니다.

은 도덕적으로 가치 있는 구분이 없습니다. 이러한 두 가지 위험은 최대한 합리적이고 최대한 민주적인 세계를 함께 검토하고 이해하고 이룰 수 있는 가능성을 파괴합니다.

두 번째 쟁점은 현실 세계의 실체와 이에 대한 인식 사이의 관계입니다. 전혀 새로울 것이 없는 문제입니다. 하지만 최근 수십 년간 벌어진 논쟁의 중심에 있었습니다. 제 입장은 아주 분명합니다. 학문적 관찰의 대상인 현실 세계가 존재합니다. 그렇지 않다면 왜 고심하면서 그것에 대해 글을 쓰겠습니까? 어쨌든 우리는 현실 세계에서 하루하루를 보내고 있습니다. 무슨 일이든 현실 세계를 고려해야 한다는 것을 잘 알고 있습니다. 이렇게 하지 않으면 '정신병자'로 몰립니다. 끊임없이 닥쳐오는 도전에 잘 대처할 수 없습니다. 한편 현실 세계를 인지하는 것은 안경을 끼고 바라보는 것과 같습니다. 그리고 대부분 안경알을 깎는 방식이 우리의 사고를 결정치적으로, 지적으로 정설을 파괴하는 것이 학자의 의무입니다. 그런데 이러한 파괴가 사회에 도움이 되려면 최선을 다해 현실 세계를 이해하고 그에 개입하려는 진지한 노력이 있어야 합니다.

정합니다. 현실이 사회적으로 구성된다는 말은 자명한 것 같습니다. 그러한 구성이 진정으로 사회적이라는 점, 다시 말해 개인적이 아니라 집단적이라는 것을 명심한다면 말입니다. 그런데 현실 세계가 존재한다고 말하면서 동시에 사회적 안경을 통해 현실 세계를 바라볼 수밖에 없다고 주장하는 것은 사려 깊은 학자를 딜레마에 빠지게 합니다. 우리의 안경이 우리의 시각을 어떻게 왜곡하는지, 그리고 이러한 왜곡을 어떻게 개선할 수 있는지 끊임없이 성찰해야 합니다. 하지만 우리 자신에 대한 성찰은 똑같은 모순에 빠지기 쉽습니다. 이러한 딜레마로 인해 저는 인식론적 쟁점을 분석의 중심으로 삼았습니다.

세 번째 주제 역시 새로운 것이 아닙니다. 지적인 분석이 정치적 행동과 맺는 관계, 다시 말해 이론과 실천에 관한 오래된 문제입니다. 저는 이 둘이 상충되지 않는다고 말해왔습니다. 오히려 그 반대입니다! 그런데 위험 요소가 있습니다. 한편에는 '사심 없음'이라는 잘못된 주장이 있습니다. 과학성의 지표로 널리 알려진 슬로건 우리 대부분은 거의 영원히 지속되는 진리의 형태로, 혹은 독특한 상황에 대한 기술의 형태로 진술하는 경향을 보입니다. 하지만 독특하다고 묘사할 수 있는 상황은 없습니다. 왜냐하면 묘사에 사용되는 용어는 보다 큰 집단에서 통용되는 특징을 전제하는 범주이기 때문입니다. 안정적으로 보이는 지속적 구조의 특징을 가정하는 것입니다. 또한 영원히 지속되는 진리도 없습니다. 세상은 끊임없이 변할 수밖에 없기 때문입니다. 또 다른 구조와 범주로 전환되는 과정을 내포한, 일시적으로 쓸모 있는 구조와 범주를 가지고 연구해야 합니다.

입니다. 다른 한편에서는 학자들이 정치적 충성을 이유로 국가나 정당 같은 정치적 권위에 순종하고 있습니다. 정치적으로, 지적으로 정설을 파괴하는 것이 학자의 의무입니다. 그런데 이러한 파괴가 사회에 도움이 되려면 최선을 다해 현실 세계를 이해하고 그에 개입하려는 진지한 노력이 있어야 합니다.

구조가 지속되는 세상, 변화가 계속되는 세상을 단일한 틀로 분석하는 방법이 마지막 주제입니다. 이는 물론 두 번째로 제기한 인식론적 문제입니다. 제가 애초부터 많은 관심을 기울인 주제입니다. 한 가지 해법이 있다고 설득하기 어려운 사안입니다. 우리 대부분은 거의 영원히 지속되는 진리의 형태로, 혹은 독특한 상황에 대한 기술의 형태로 진술하는 경향을 보입니다. 하지만 독특하다고 묘사할 수 있는 상황은 없습니다. 왜냐하면 묘사에 사용되는 용어는 보다 큰 집단에서 통용되는 특징을 전제하는 범주이기 때문입니다. 안정적으로 보이는 지속적 구조의 특징을 가정하는 것입니다. 또한 영원히 지속되는 진리도 없습니다. 세상은 끊임없이 변할 수밖에 없기 때문입니다. 또 다른 구조와 범주로 전환되는 과정을 내포한, 일시적으로 쓸모 있는 구조와 범주를 가지고 연구해야 합니다.

UNIVERSITY LECTURE

전환점과 두 개의 도전

저는 이제껏 글을 써오면서 꽤 일관된 관점을 지녔던 것 같습니다. 하지만 저의 정치적이고 지적인 발전에는 세 가지 전환점이 있었다는 사실을 인정합니다. 첫 번째는 좌파의 조직 역사에서 골칫거리였던 문제를 놓고 고심했던 것입니다. 그 문제는 제2인터내셔널과 제3인터내셔널 간의 갈등이었습니다. 두 번째는 아프리카, 그리고 민족해방운동과 만난 일입니다. 이를 통해 인터내셔널의 논쟁을 적절한 맥락에서 바라볼 수 있었습니다. 그 논쟁은 주로 범유럽 세계에 국한된 것이었습니다. 또한 자본주의 세계경제에서 진행되고 있는 근본적인 양극화를 무시했습니다. 세 번째는 컬럼비아대학에서 직접 경험한 1968년 세계혁명이었습니다. 혁명 덕택에 자유주의에 대한 미련과 반체제운동에 대한 낙관론을 머릿속에서 지울 수 있었습니다. 혁명으로 정신이 번쩍 들었던 것입니다.

"탐구 초기에는 그저 현실에 대한 실증적 분석이 논쟁거리일 뿐이라고 생각했습니다. 그러나 문제는 바로 분석 도구라는 것을 곧 깨달았습니다."

이러한 시기를 거치면서 유용한 것을 배웠고 중요한 측면과 관련해 제 관점을 형성했습니다. 아무 도움 없이 그렇게 했던 것은 아니었습니다. 마르크스, 프로이트Sigmund Freud, 슘페터, 칼 폴라니Karl Polany[36]에게 지적으로 빚을 지고 있습니다. 개인적으로 친분이 있고 제가 매우 폭넓게 연구한 사람들 중에 (유사한 관점을 심화하는 것이 아니라) 관점을 바꾸는 데 가장 큰 영향을 받은 세 사람이 있습니다. 프란츠 파농, 페르낭 브로델, 일리야 프리고진Ilya

36 칼 폴라니(1886~1964). 헝가리의 경제사학자, 경제인류학자, 정치경제학자, 사회철학자. 경제학에 대한 문화적 접근을 통해 경제가 사회와 문화에 뿌리박혀 있다고 강조했다.

세계체제 분석은 이론이 아닙니다. 간과된 문제와 기만적인 인식론에 대한 항의입니다. 지적인 변화에 대한 요청입니다. 이 지적인 작업은 정치적인 작업이며 정치적인 작업이 돼야만 합니다. 진실을 추구하는 것과 선을 추구하는 것은 하나의 탐구이기 때문입니다. 막스 베버 식으로 말해 실질적으로 합리적인 세상을 향해 나아가려면 지적인 도전이나 정치적인 도전을 경시할 수 없습니다. 이들 도전을 분리해 두 개의 밀폐된 용기에 넣을 수도 없습니다. 두 개의 도전으로 동시에 다가서기 위해 불안 속에서 힘겹게 나아갈 수 있을 뿐입니다.

Prigogine[37]이 그들입니다. 물론 이들은 시간순으로 영향을 미쳤습니다. 근대 세계체제에서 배제된 이들은 자신들에게 의견과 비전이 있으며 정의뿐만 아니라 지적인 판단에 대해서도 권리가 있다고 강조했습니다. 이러한 주장의 정점에 다다른 사람이 파농이었습니다. 브로델로 인해 시간과 공간에 대한 사회적 구성의 중요성과 그것이 분석에 미치는 영향을 깨달았습니다. 세상에는 확실성이 존재하지 않지만 지식은 여전히 존재한다는 것의 함의를 파악한 것은 프리고진 덕택이었습니다.

세계체제 분석은 이론이 아닙니다. 간과된 문제와 기만적인 인식론에 대한 항의입니다. 지적인 변화에 대한 요청입니다. 제 책의

37 일리야 프리고진(1917~2003). 벨기에의 물리화학자. 무산 구조, 복잡계, 비가역 과정에 대한 연구로 유명하다.

제목처럼 19세기 사회과학의 전제에서 '벗어나자'는 것입니다. 이 지적인 작업은 정치적인 작업이며 정치적인 작업이 돼야만 합니다. 진실을 추구하는 것과 선을 추구하는 것은 하나의 탐구이기 때문입니다. 막스 베버 식으로 말해 실질적으로 합리적인 세상을 향해 나아가려면 지적인 도전이나 정치적인 도전을 경시할 수 없습니다. 이들 도전을 분리해 두 개의 밀폐된 용기에 넣을 수도 없습니다. 두 개의 도전으로 동시에 다가서기 위해 불안 속에서 힘겹게 나아갈 수 있을 뿐입니다.

지은이 / 옮긴이 소개

지은이 **이매뉴얼 월러스틴**

미국 컬럼비아대학교에서 사회학 학사, 석사, 박사 학위를 받았다. 1971년부터 캐나다 맥길대학교 사회학과 교수로 재직했고, 1973년 미국아프리카학회 회장이 됐다. 1976년 이후에는 뉴욕주립대학교 빙엄턴 캠퍼스로 옮겨 1999년 은퇴할 때까지 사회학을 강의했고, 2005년까지 동 대학의 페르낭 브로델 센터를 운영했다. 전 세계 여러 대학에 객원교수로 초빙됐으며 다수의 명예 학위를 받았다. 1994~98년까지 국제사회학회 회장을 맡았고 2003년에는 미국사회학회로부터 학술 수훈상을 수상했다. 현재 예일대학교 종신교수로 재직 중이다.

옮긴이 **권기붕**

연세대학교 정치외교학과를 졸업하고 미국 펜실베이니아대학교에서 정치학(국제정치학) 박사 학위를 받았다. 현재 경희대학교 평화복지대학원 원장으로 재직하고 있으며 주로 근대정치이론과 시민사회론, 국제정치이론을 연구하고 가르치고 있다. 주요 저서에는 『정의로운 전쟁은 가능한가』(공저), 『대한민국 정책지식 생태계』(공저) 등이 있고, 주요 역서로는 『새로운 자유를 찾아서: 자유지선주의 선언』(공역), 『초대 대통령 이승만의 청년시절』이 있다.